ESSAI

SUR LES AVANTAGES

ET LES INCONVÉNIENS

DE LA PHILOSOPHIE.

PIÈCE

Qui a concouru pour le Prix de l'Académie
Françoise, en 1773.

*Par M***.*

L'usage en est heureux, si l'abus est funeste.

(VOLTAIRE.)

A PARIS,

Chez J. B. BRUNET, Imprimeur-Libraire de l'Académie
Françoise, & DEMONVILLE, Libraire, rue S. Severin,
vis-à-vis celle de Zacharie, aux Armes de Dombes.

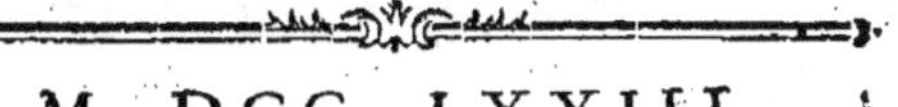

M. DCC. LXXIII.

PRÉFACE.

JE me fuis propofé de confidérer la Philofophie en elle - même, de la diftinguer des abus qu'elle occafionne, & de fuivre en quelque façon la marche de l'efprit humain. Mais pour bien apprécier la Philofophie & fes effets, il faudroit en féparer tout ce qui peut être la fuite des différentes inftitutions, des ufages, du luxe, & d'une infinité de caufes abfolument étrangères à nos connoiffances & à nos erreurs. Ne pouvant renfermer dans les bornes de cet Effai tous les détails que préfente un

sujet si étendu, je me suis borné à quelques idées générales qui m'ont paru vraies;
elles pourront en faire naître de meilleures
aux Observateurs éclairés.

ESSAI
SUR LES AVANTAGES
ET LES INCONVÉNIENS
DE LA PHILOSOPHIE.

ON a vu trop long-temps l'Ignorance hautaine
A son foible horizon borner la sphère humaine,
Et plongeant les esprits dans un honteux sommeil,
Défendre à la Raison de hâter leur réveil.
Mais sur les pas du Temps, la Raison qui s'avance,
Dissipe par degrés la nuit de l'Ignorance.
L'ombre fuit; le jour naît. L'auguste Vérité,
Pour accoutumer l'homme à souffrir sa clarté,
Soulève lentement le voile qui la couvre.
O sublime Uranie ! Enfin ton Temple s'ouvre !
Tu parois : ton aspect a changé l'univers.
L'homme a vu sa foiblesse, il a brisé ses fers.

A iij

En vain le Fanatifme, en fa rage infenfée,
Réclame le pouvoir d'enchaîner la Penfée.
Déeffe des talens, ta voix fait adoucir
Ce Defpote cruel qui veut tout affervir.
Tu bannis les fureurs d'un zèle fanguinaire,
Pour épargner du moins quelques maux à la terre!
O combien la Difcorde a troublé les Etats,
Que la nuit des erreurs a caché d'attentats,
Quand, fous le nom du Ciel, l'injufte Politique
Abufoit à fon gré l'Ignorance publique !....
Mais pourquoi rappeller ces horribles forfaits ?
Sainte Religion ! ô mère de la Paix !
Tu ne vois plus enfin mille Sectes rivales,
Répandre dans ton fein le poifon des cabales ;
Tu ne vois plus couler, autour de tes Autels,
Les larmes & le fang des malheureux mortels.
Des viles factions les orages s'appaifent ;
Uranie a parlé ; les Préjugés fe taifent.

C'eft dans ce calme heureux des fuperftitions
Que, plus libre & plus fage en fes opinions,
Dans les fentiers du vrai l'homme peut fe conduire ;
De la Raifon alors il connoît mieux l'empire.
Ainfi, quand la tempête a régné fur les mers,
Si la fureur des vents n'agite plus les airs,
L'Océan s'applanit ; le Pilote tranquille
Trouve, au milieu des eaux, une route facile.
L'homme penfe ; il fait plus, il apprend à douter.

Où cesse l'évidence il voudroit s'arrêter;
Et renonçant au droit de se tromper lui-même,
Ecarter pour jamais le bandeau du système.
Mais fier de ses progrès & de sa liberté,
Du besoin de connoître en secret tourmenté,
Il s'élève, il s'égare; & d'une aîle rapide
Devance la Raison dans sa marche timide.
Au-dessus de sa sphère ardent à s'élancer,
Au Trône de Dieu même il ose se placer;
Il croit dans son audace égaler ce grand Etre
Que les Stoïciens se vantoient de connoître,
Cet Esprit embrassant tous les êtres divers,
Invisible moteur de l'immense univers.

Bientôt l'Illusion enfante le sophisme.
Au labyrinte obscur d'un fatal Pirrhonisme,
Des sages insensés, de hardis imposteurs
Attirent les humains par de fausses lueurs.
Tels, parmi les écueils, des Pirates avides
Font, dans l'ombre des nuits, briller des feux perfides.
Des rêves du Sophisme absurdes Partisans,
Ce qu'ils nomment Raison, c'est l'abus des Talens.
Qu'apperçois-je près d'eux? Quel Phantôme volage
Les admire, & les fuit, sous le masque du sage?
C'est la Frivolité, ce Précepteur des sots,
Dont toute la science est l'étude des mots,
Qui pense par accès, déraisonne avec grace,
Et des objets profonds effleure la surface.

O Déesse des Arts, tes Ministres sacrés
De ce trompeur savoir seroient-ils enivrés ?
Seroient-ils éblouis par l'honneur méprisable
D'embellir le mensonge & de le rendre aimable ?
La gloire d'être utile, en combattant l'Erreur,
Voilà leur premier guide, & voilà leur grandeur.
Ils regardent loin d'eux le torrent des chimères
Entraîner le troupeau des Sophistes vulgaires ;
Tandis que la Raison accroît, par leur secours,
Sur les opinions son insensible cours.
La Science autrefois méprisée, inconnue,
Jusqu'au Palais des Grands pénètre & s'insinue.
Le Riche fatigué du poids de son loisir
Se permet de penser, & s'instruit sans rougir.
Dans son obscurité, l'Agriculteur paisible,
Ranime ses travaux, & voit le bien possible.
On sent le prix des Arts ; & ces Arts bienfaisans
Du bonheur général posent les fondemens.

Si du pouvoir des Rois ce bonheur est l'ouvrage ;
Quel est l'objet des vœux & des efforts du sage ?
Il cherche les rapports du Trône avec les Lois,
Des Lois avec les Mœurs, du Peuple avec les Rois ;
Des antiques abus il parcourt le dédale ;
Et des vrais Souverains révèle la Morale.
» Connoissez, leur dit-il, l'art du Législateur ;
» Les talens, les vertus, sont enfans de l'honneur ;
» Plus fort dans un Etat que la crainte & les peines,
» L'honneur des Passions doit seul tenir les rênes.

» Et fi la Tyrannie a perdu fes fecrets (a),
» Si l'homme eft occupé de fes vrais intérêts ;
» C'eft à toi de régner, ô douce Bienfaifance,
» Qui du trône aux fujets rempliffant la diftance,
» Soumets à la vertu la volonté d'un Roi,
» Les Citoyens au Prince, & le Prince à la Loi.

Ainfi, par fon flambeau, la divine Uranie
Eclaire le Pouvoir, les Arts & le Génie.
Semblable à ces foleils, ces globes lumineux,
Qu'une immortelle main a femé dans les cieux,
Elle donne aux efprits la vie & la lumière ;
Sa clarté fe répand fur la nature entière.
Souveraine des Arts, fi le Chef d'un Etat
Te doit fa fûreté, fa force & fon éclat,
Sous un Roi vraiment Roi tu rends le peuple libre.
Des divers intérêts maintenant l'équilibre,
Tu produis cet accord & fi rare & fi doux
Du pouvoir d'un feul homme & du bonheur de tous.
Oui ; s'il eft des climats qu'habite la baffeffe,
Où la force a le droit d'opprimer la foibleffe ;
Où l'affreux Defpotifme, au cœur dur, à l'œil faux,
En s'oppofant au bien, éternife les maux ;
Ah ! c'eft que l'Ignorance, appuyant l'Impofture,
Cache les droits de l'homme & ceux de la nature.
L'Ignorance pour l'homme eft un malheur de plus.
Comment des Nations réformer les abus,

(a) Rien de fi difficile à gouverner mal, & rien de fi facile à gouverner bien, qu'un peuple qui penfe. Encyclopédie, au mot Honneur.

Comment les découvrir, si la Raison captive
Pour le bien, pour le vrai, languit toujours oisive ?
Il faut que les mortels, de leurs fers dégagés,
La balance à la main pèsent leurs préjugés ;
Il faut qu'impunément l'homme sage raisonne ;
Et qu'à la Vérité le Genre humain pardonne (a).
Quel spectacle offriroit un Peuple ami des Arts,
Qui de la Vérité soutiendroit les regards,
Où les esprits frappés d'une lumière égale,
Résisteroient sans crainte à toute erreur fatale ?
Là, toujours le Génie, assuré de ses droits,
Pour l'Intérêt public éléveroit sa voix ;
Sur la Religion & sur les Lois fondée,
La Morale jamais ne seroit dégradée,
Ne prêteroit son voile, au Crime audacieux,
Au sanglant Fanatisme, au Mensonge odieux.
On verroit de l'Etat s'affermir l'édifice,
Contre les coups du Temps & contre l'Injustice.
C'est ainsi que pour l'homme agit la Vérité.
Mais lorsqu'elle est sans force & sans activité,
Quand les opinions, les mœurs & les usages,
L'obscurcissent toujours par de nouveaux nuages,
Au lieu de secourir les mortels malheureux,
Elle-même souvent a des dangers pour eux.
Des sources du bonheur s'augmentent les misères,

(a) On feroit une longue histoire, dit M. de Fontenelle, des
vérités qui ont été mal reçues chez les hommes, & des mauvais
traitemens essuyés par les introducteurs de ces malheureuses étrangères.

Les abus font détruits par des abus contraires.
L'invincible afcendant de la Prévention,
Le choc des intérêts qui heurtent la Raifon ,
Tout corrompt les talens ; tout flétrit les femences
Que, parmi les erreurs, ont jetté les Sciences.
Du véritable honneur on brife les refforts ;
On eft faux par fyftème, on eft vil fans remords.
Indifférent à tout, le Citoyen s'ifole ;
Au bonheur perfonnel le bien commun s'immole ;
Et le Sophifme encor prête au Vice effronté,
Les maximes du Sage & de l'Humanité !

O vous , qui gémiffez fur les excès du vice ,
Dont la fauffe fageffe eft efclave ou complice ;
Vous, qui d'un vain favoir dédaignant les appas,
De la Vérité feule ofez fuivre les pas,
O Sages, puiffiez-vous, en flétriffant le Crime,
Réveiller dans les cœurs le befoin de l'Eftime.
Pour fervir les humains, puiffiez-vous réunir
La gloire de penfer, & le pouvoir d'agir ;
Et des Arts, des Talens, dirigeant l'influence,
Faire mûrir les fruits de l'humaine Prudence.

Lu & approuvé , à Paris , ce 11 Septembre 1773 , MARIN.

Vu l'Approbation. Permis d'imprimer ce 12 Septembre 1773.
DE SARTINE.

www.ingramcontent.com/pod-product-compliance
Lightning Source LLC
LaVergne TN
LVHW051017060726
842524LV00007B/2660